BIBLIOTHÈQUE

DE L'ÉCOLE

DES HAUTES ÉTUDES

PUBLIÉE SOUS LES AUSPICES

DU MINISTÈRE DE L'INSTRUCTION PUBLIQUE

SCIENCES PHILOLOGIQUES ET HISTORIQUES

PREMIER FASCICULE

LA STRATIFICATION DU LANGAGE, PAR MAX MÜLLER;
LA CHRONOLOGIE DANS LA FORMATION DES LANGUES INDO-EUROPÉENNES,
PAR G. CURTIUS.

PARIS

LIBRAIRIE A. FRANCK

F. VIEWEG, PROPRIÉTAIRE

RUE RICHELIEU, 67

1869

BIBLIOTHÈQUE

DE L'ÉCOLE

DES HAUTES ÉTUDES

PUBLIÉE SOUS LES AUSPICES

DU MINISTÈRE DE L'INSTRUCTION PUBLIQUE

SCIENCES PHILOLOGIQUES ET HISTORIQUES

PREMIER FASCICULE

LA STRATIFICATION DU LANGAGE, PAR MAX MULLER;
LA CHRONOLOGIE DANS LA FORMATION DES LANGUES INDO-EUROPÉENNES,
PAR G. CURTIUS.

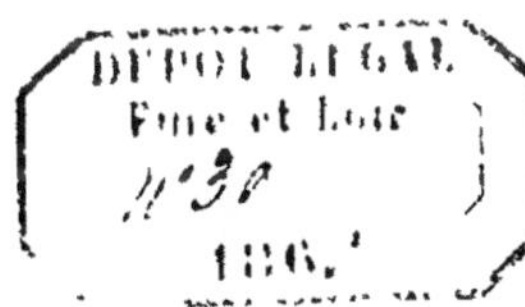

PARIS

LIBRAIRIE A. FRANCK

F. VIEWEG, PROPRIÉTAIRE

RUE RICHELIEU, 67

1869

BIBLIOTHÈQUE

DE

L'ÉCOLE DES HAUTES ÉTUDES

LA

STRATIFICATION DU LANGAGE

PAR

MAX MULLER

TRADUIT PAR M. HAVET

ÉLÈVE DE L'ÉCOLE DES HAUTES ÉTUDES.

PARIS

LIBRAIRIE A. FRANCK

F. VIEWEG, PROPRIÉTAIRE

RUE RICHELIEU, 67

1869

AVERTISSEMENT.

Le 31 juillet 1868, sur la proposition de Son Excellence M. Duruy, Ministre de l'Instruction publique, un décret impérial créait l'École pratique des Hautes Études. Au mois de novembre de la même année, un arrêté ministériel nommait les directeurs d'études et les répétiteurs de la section d'Histoire et de Philologie. Dès le mois de janvier 1869, cette section ouvrait ses conférences dans un local spécialement affecté à cet usage et dépendant de la Bibliothèque de l'Université. Cette première année ne s'est en réalité composée que d'un semestre, mais l'École est néanmoins entrée de suite en pleine activité. Soixante-deux élèves ou auditeurs assidus ont suivi les conférences, répartis ainsi qu'il suit : onze pour l'épigraphie et les antiquités romaines (M. L. Renier); quinze pour la philologie latine (MM. Boissier et Morel); cinq pour la philologie grecque (M. Tournier); neuf pour la grammaire comparée (M. Bréal) et le sanscrit (MM. Hauvette-Besnault et Bergaigne); deux pour les langues sémitiques (M. Guyard); dix pour les langues romanes (M. G. Paris); dix pour l'histoire du moyen-âge et l'histoire moderne (MM. Monod et Rambaud).

Ces conférences avaient pour but d'exercer les jeunes gens à la pratique des travaux d'érudition, aux méthodes critiques et scientifiques. L'École des Hautes Études, placée à côté des cours de l'Enseignement supérieur et des Écoles spéciales, peut être pour les uns et les autres un auxiliaire utile. Elle offre aux élèves l'avantage du travail en commun et d'une direction suivie et particulière, ce que ne peuvent faire les Facultés ni le Collége de France. Elle n'a point pour mission de préparer à des fonctions pratiques ou pédagogiques, comme l'École des Chartes et l'École Normale; mais elle encourage aux recherches désintéressées et scientifiques, et les facilite. Chaque élève est libre de choisir les conférences qu'il veut suivre, libre aussi de choisir les sujets particuliers de ses recherches. L'École a moins pour mission d'enseigner les résultats de la science, que de préparer des jeunes gens à enrichir la science par leurs propres travaux. Les conférences elles-mêmes sont plus souvent une collaboration qu'un enseignement.

Le 16 juin 1869, un arrêté ministériel créait, sous le nom de Bibliothèque de l'École des Hautes Études, un recueil destiné à recevoir les travaux collectifs des conférences et les travaux personnels des divers membres de l'École. Ces travaux, publiés dans le même format, sont de diverse nature, complètement indépendants les uns des autres, et ils ne paraissent pas à époque fixe. Ils consistent en traductions de mémoires d'érudition étrangers, en éditions de textes, avec notes, commentaires et traductions, enfin en mémoires d'érudition originaux. Nous donnons aujourd'hui le premier fascicule de cette collection. Les traductions occuperont une place assez considérable dans les premières publications de l'École des Hautes Études: on ne pouvait demander à une école tout nouvellement créée de nombreux travaux originaux. Nous en publierons pourtant plusieurs dès cette année; les prochains fascicules de la collection contiendront les travaux suivants:

Études sur les pagi de la Gaule : l'Astenois et le Ternois, par *M. A. Longnon*.

La vie de saint Alexis, *poëme français du XIe siècle, publié avec une introduction et des notes, par M. G. Paris et les membres de la conférence des langues romanes.*

La chronologie des lettres de Pline le Jeune, *par M. Mommsen, trad. par M. Morel.*

Anciens glossaires romans, *corrigés et expliqués par Fr. Dietz, trad. par M. Bauer.*

Études critiques sur les sources de l'Histoire de France à l'époque mérovingienne, *par M. G. Monod et les membres de la conférence d'histoire du Moyen-Age.*

Conjectures sur Colluthus, *par M. Tournier.*

Le Bhâmini-Vilâsa, *recueil de sentences indien du pandit Jagannâtha, publié et traduit en entier pour la première fois, par M. Bergaigne.*

Laghu *et* Vriddha Tchânakya, *recueils de sentences morales attribués à Tchânakya, texte en partie inédit, publié avec traduction et commentaires, par M. Hauvette-Besnault.*

Essai sur les pluriels brisés en arabe, *par M. Guyard.*

Essai sur l'histoire de l'alphabet grec, *par M. A. Kirchhoff, trad. par M. Fabre.*

Nous savons que le public savant et ami des études est toujours prêt à encourager les efforts tentés pour exciter en France le goût des travaux d'érudition, des recherches scientifiques et désintéressées. L'École pratique des Hautes Études voudrait contribuer à cette œuvre ; si elle y réussit, les premiers éloges devront revenir au Ministre à qui elle doit sa création.

L. RENIER,
*président de la Section d'Histoire
et de Philologie.*

AVANT-PROPOS.

M. Max Müller, l'éminent professeur d'Oxford, n'est guère moins connu en France qu'en Angleterre, et n'a pas besoin d'introducteur. Les lecteurs qui seraient désireux de connaître en détail sa vie et ses œuvres, pourront consulter la biographie mise par M. Georges Harris en tête du tome premier de la traduction des *Nouvelles leçons sur la science du langage*[1]. A cette biographie nous ajouterons seulement que M. Max Müller, qui était déjà correspondant de l'Académie des Inscriptions et Belles-Lettres, a été récemment élu associé étranger de la même Académie, en remplacement de M. Welcker.

La leçon que nous publions est une conférence faite devant l'Université de Cambridge le 29 mai 1868. L'auteur a pris pour sujet une de ses idées favorites. Il l'avait exposée pour la première fois dans une Lettre au chevalier de Bunsen, publiée par ce dernier dans son *Esquisse de la philosophie de l'histoire universelle*. M. Müller trouva alors un adversaire en M. Pott, qui publia en réponse un article intitulé *Max Müller und die Kennzeichen der Sprachverwandtschaft*[2], dans lequel il écarte l'idée d'une comparaison entre les langues qui ne serait pas fondée sur des rapprochements faits entre les mots déjà tout formés. M. Müller est revenu pour la seconde fois sur ce sujet dans ses premières lectures sur la science du

1. Paris, Durand. 1867.
2. Journal de la Société orientale allemande. Tome IX.

langage (8ᵉ leçon). Mais nulle part il n'a donné à son argumentation la même précision que dans le présent opuscule.

Le public est redevable de cette traduction à M. Louis Havet, élève de l'École pratique des hautes études, qui promet de consacrer à la philologie un esprit bien doué et bien préparé par une forte éducation classique.

M. B.

LA

STRATIFICATION DU LANGAGE

Il y a peu de sentiments plus agréables que l'admiration [1]. Nous l'avons tous éprouvée dans l'enfance, dans la jeunesse, dans notre âge mûr, et nous pouvons espérer que, même sur nos vieux jours, cette affection de l'esprit ne doit pas entièrement disparaître. Si nous analysons ce sentiment avec soin, nous trouverons que l'admiration se compose de deux éléments. En effet, ce que nous appelons ainsi n'est pas seulement le saisissement ou la surprise : je ne verrais là que l'élément purement passif de l'admiration. Quand nous disons : J'admire, nous avouons bien que nous sommes étonnés ; mais il y a en même temps une secrète satisfaction qui se mêle à notre surprise, une sorte d'espérance, ou plutôt même une certitude, que tôt ou tard l'admiration cessera, que nos sens ou notre esprit vont se relever, prendre corps à corps ces impressions nouvelles, les maîtriser, les terrasser peut-être, et finalement en triompher. En un mot nous admirons les énigmes de la nature, qu'il s'agisse d'êtres vivants ou de choses inanimées, avec la ferme conviction que chacune a sa solution, quand même nous ne serions pas en état de la trouver.

L'admiration, sans aucun doute, naît de l'ignorance, mais d'une certaine sorte d'ignorance : ce qu'on pourrait appeler une ignorance consciente ; une ignorance que nous reconnaîtrons, pour peu que nous reportions nos regards sur le passé de nos diverses sciences, pour la mère de toutes les connaissances humaines. Pendant des milliers d'années les hommes ont contemplé la terre avec ses stratifications, en quelques endroits si nettement

---

1. L'anglais *wondering* ne correspond pas tout à fait au français « admiration » : il exprime un sentiment où la surprise tient une plus grande place. — Tr.

dessinées; pendant des milliers d'années ils ont dû voir aussi bien que nous-mêmes dans leurs carrières et dans leurs mines les pétrifications enfouies des créatures organisées ; mais ils ont vu et passé sans se mettre en peine davantage : — ils n'ont pas admiré. Un Aristote même n'a pas eu d'yeux pour voir, et l'idée d'une science de la terre, l'idée de la géologie, a été réservée au XVIIIe siècle.

Voici une insouciance encore plus extraordinaire. Durant tous les siècles qui se sont écoulés depuis qu'on a donné son premier nom à chaque animal domestique, à chaque oiseau de l'air, à chaque bête de la plaine, les hommes ont passé sans voir ce qui les touchait de bien plus près encore que le sable foulé sous leurs pieds, je veux dire les mots de leur propre langue. Ici, comme là, les lignes nettement marquées des diverses couches semblaient presque avoir été faites pour provoquer l'attention ; les pulsations de la vie primitive palpitaient encore dans les formes pétrifiées que conservaient enfouies grammaires et dictionnaires. Et pourtant un Platon même n'a pas eu d'yeux pour voir ni d'oreilles pour entendre, et l'idée d'une science du langage, l'idée d'une *Glottologie*, a été réservée au XIXe siècle.

Je suis bien loin de dire que Platon et Aristote ne sussent rien de l'origine, de la nature, et de l'objet du langage, ou que nous n'ayons rien à apprendre dans leurs ouvrages. Comme leurs successeurs, comme leurs prédécesseurs aussi depuis Héraclite et Démocrite, les mystères du langage humain les ont frappés et presque fascinés autant que les mystères de la pensée humaine : ce que nous appelons grammaire, lois du langage, et jusqu'à tous les termes techniques encore courants dans nos écoles, *nom* et *verbe*, *cas* et *nombre*, *infinitif* et *participe*, tout cela a été pour la première fois découvert et classé par les philosophes et les grammairiens de la Grèce : — malgré nos récentes découvertes, et que nous en ayons conscience ou non, je crois que nous leur devons encore plus de la moitié de ce qui fait notre vie intellectuelle. Mais l'intérêt que ces anciens philosophes grecs prenaient au langage était purement philosophique. Ce n'était pas la matière dont est fait le langage, qui leur semblait pour l'observation philosophique un digne sujet, mais bien plutôt la forme que revêt cette matière façonnée par la pensée. L'idée que dès leur temps le langage offrît un immense amas de matériaux qu'il fallait éplucher, analyser, expliquer de façon ou d'autre avant de pouvoir émettre avec sûreté aucune théorie sur sa nature, n'a presque jamais pénétré dans leurs esprits ; ou, si elle y arrivait parfois, comme l'indiquent quelques passages du Cratyle de Platon, bientôt elle s'évanouissait sans laisser une impression durable. Chaque peuple et chaque génération a ses problèmes particuliers à résoudre : celui qui occupait Platon dans son Cratyle était, si je m'en rends bien compte, la possibilité d'avoir une langue parfaite, une langue correcte, fidèle, idéale, fondée sur la philosophie de Platon lui-même et sur son propre système des types ou *idées*. C'était un homme trop sage pour essayer comme l'évêque Wilkins la construction immédiate d'une langue philosophique: il montre seulement, comme Leibnitz, qu'une langue parfaite est chose concevable, et que la principale source des imperfections du langage réel est le savoir borné de ses premiers auteurs : ignorant et la vraie nature des choses et la philosophie dialectique, ils ne pouvaient donner des noms justes à ce dont ils n'avaient pas la juste notion. Les idées de Platon sur le langage présent, autant qu'on peut les tirer du dialogue du Cratyle, œuvre de critique et de négation plutôt que traité didactique et affirmatif, paraissent ressembler fort à ses idées sur le gouvernement présent : ce langage et ce gouvernement, également loin de l'idéal, ne doivent être tolérés qu'en tant qu'ils participent aux perfections de l'état modèle et du langage modèle [1]. Le Cratyle est plein d'une sagesse qui invite à la réflexion. C'est un de ces livres qui, relus de temps en temps, semblent neufs chaque fois, parce qu'à la première lecture on ne soupçonne pas encore combien ils présupposent, et combien la pensée a dû accumuler de bonne terre avant qu'une philosophie comme celle de Platon pût y jeter racine et y pomper sa subsistance.

Mais si Platon a pénétré les mystères du langage plus profondément que presque tous les philosophes postérieurs, il n'a pas eu d'yeux pour voir cette merveilleuse moisson de mots qu'on a emmagasinée dans nos dictionnaires et dans les dictionnaires de toutes les races du monde. Pour lui, *le langage* et *le grec* sont presque deux synonymes ; bien que dans un passage du Cratyle il insinue que tels mots grecs ont pu être empruntés aux Barbares, et plus particulièrement aux Phrygiens, cette remarque venant de lui semble purement ironique. Elle contient, comme nous le savons, un germe de vérité que notre science moderne a reconnu pour très-fécond, mais elle n'a pas jeté de racines dans l'esprit des philosophes grecs. Notre nouvelle science du langage

1. Voir Benfey : *Ueber die Aufgabe des Kratylos.* Gœttingen. 1868.

diffère bien de la leur ; l'intérêt que Platon prenait au langage a été entièrement supplanté par des préoccupations nouvelles : à ce point, que nous voyons la Société de Linguistique récemment fondée à Paris, qui compte parmi ses membres les savants les plus distingués de la France, déclarer dans un de ses premiers statuts que « la Société n'admet aucune communication concernant, soit l'origine du langage, soit la création d'une langue universelle », c'est-à-dire sur les sujets qui au temps d'Héraclite et de Platon rendaient seuls les études de linguistique dignes de l'attention d'un philosophe.

Peut-être alors le monde était-il trop jeune et les moyens de communication trop insuffisants pour que le regard du philosophe antique dépassât de beaucoup l'étroit horizon de la Grèce. Pour nous, au contraire, le monde a vieilli, et nous a laissé les annales de ses diverses littératures, monuments de la croissance et du déclin du langage. Le monde s'est agrandi, et nous avons sous les yeux non-seulement les reliques des antiques civilisations d'Asie, d'Afrique et d'Amérique, mais encore des langues vivantes si nombreuses et si variées, que devant la seule liste de leurs noms nous reculons presque stupéfaits. Le monde est aussi devenu plus sage ; et, là où Platon ne pouvait voir qu'imperfections et fautes commises par les fondateurs de nos langues, nous constatons, comme partout ailleurs dans la vie humaine, un progrès naturel de l'imparfait au parfait, d'incessants efforts pour réaliser l'idéal, et de fréquents triomphes de l'esprit humain sur les difficultés inévitables de sa condition terrestre. Ces difficultés ne viennent pas de lui-même : elles lui ont été préparées et imposées avec intention, à titre de tâches et d'épreuves, par un Pouvoir supérieur et par la suprême Sagesse.

Ouvrons donc les yeux, et considérons les matériaux que doit envisager aujourd'hui le linguiste. Si nous commençons par la langue de ces îles occidentales où nous sommes, nous trouvons actuellement au moins 100 000 mots, rangés comme sur les tablettes d'un musée dans les pages de Johnson et de Webster. Mais ces 100 000 mots ne représentent que les meilleurs grains, qui sont restés dans le tamis, tandis que le vent emportait la balle en gros nuages, et que plus d'un grain précieux était aussi perdu par simple négligence. Si nous comptions les richesses des dialectes anglais, si nous accumulions les trésors de la vieille langue, d'Alfred à Wycliffe, nous doublerions sans peine notre herbier de la flore linguistique anglaise. Or, que sont nos îles, comparées à l'Europe ? l'Europe, simple promontoire, comparée au vaste continent asiatique ? l'Asie même, comparée à tout le globe habitable ? et il n'y a pas un coin de ce monde que ne remplisse le bruit de la parole humaine ; le désert, les iles de la mer pullulent de dialectes : plus nous nous écartons des centres de la civilisation, et plus est riche la végétation d'idiomes indépendants, qui naît sur le sol de chaque vallée, et qui de son ombre couvre jusqu'au dernier des ilots.

> Ἴδαν ἐς πολύδενδρον ἀνὴρ ὑλατόμος ἐλθών
> παπταίνει, παρεόντος ἅδην, πόθεν ἄρξεται ἔργου[1].

La variété des plantes, des oiseaux, des poissons, des insectes, répandus avec une prodigalité luxuriante sur la terre et dans la mer, nous égare : mais que sont les richesses vivantes de cette faune, si on les compare aux mots ailés qui remplissent l'air d'une musique incessante ? et que sont nos maigres restes de plantes et d'animaux fossiles, auprès de ces amas de richesses que nous possédons, les trésors des langues mortes ? Comment expliquer que durant tant de siècles succédant aux siècles, quand on rassemblait quadrupèdes, oiseaux, poissons, insectes, qu'on étudiait tout, des créatures les plus grandes aux créatures presque invisibles à force de petitesse, l'homme ait passé ainsi devant cette forêt du langage, ne voyant pas la forêt, comme nous disons en allemand, parce qu'il y avait trop d'arbres (*man sah den Wald vor lauter Baumen nicht*), sans se demander une seule fois comment cet énorme numéraire avait pu être frappé, quelles mines inépuisables en avaient fourni le métal, quelles mains habiles avaient gravé l'effigie et la légende ; sans admirer une seule fois les innombrables trésors que lui avaient légués les pères de la race humaine ?

Tournons maintenant notre attention ailleurs. Depuis qu'on a découvert qu'il y avait une telle masse de matériaux à rassembler, à classifier, à expliquer, combien la science du langage — à cette heure — a-t-elle réellement accompli ? Beaucoup, si on songe que le travail réel n'a commencé qu'il y a environ cinquante ans ; peu, si nous regardons ce qui reste encore à faire.

Ce qu'on reconnut d'abord, ce fut que les langues admettent une classification : c'était là une grande découverte, qui changea et éleva tout à coup le caractère général des études de linguistique. Les langues pouvaient être, d'après tout ce qu'on en

1. Théocrite, XVII, 9.

savait, l'œuvre de l'imagination individuelle ou de la poésie ; les mots avaient pu être créés au hasard, ou aussi fixés par une convention plus ou moins arbitraire : en ce cas une classification scientifique était aussi impossible que la classification des modes changeantes du jour. Rien ne peut être classifié, rien ne peut être scientifiquement réglé et ordonné, que ce qui s'est développé dans l'ordre de la nature, et suivant une règle rationnelle.

Dans le grand nombre des langues qui s'offre aujourd'hui à nos études, on a distingué plusieurs *familles : aryenne, sémitique, ouralo-altaïque, indo-chinoise, dravidienne,* famille *malayo-polynésienne,* famille *Kafir ou Bá-ntu* en Afrique, dialectes *polysynthétiques* d'Amérique. Toutefois les seuls groupes étudiés avec soin, les seuls qui jusqu'à présent aient fourni des matériaux à la *philosophie du langage,* sont les groupes aryen et sémitique. Le premier contient les langues de l'Inde, de la Perse, de l'Arménie, de la Grèce et de l'Italie ; celles des races celtique, teutonique, slave. L'autre comprend les langues des Babyloniens, des Syriens, des Juifs, des Éthiopiens et des Arabes. Ces deux familles embrassent donc à elles deux les idiomes les plus importants du globe, si on mesure l'importance des langues à l'influence qu'ont exercée sur l'histoire politique et littéraire du monde ceux qui les parlent. Mais si on les considère en elles-mêmes, si on les laisse à leur place dans le vaste domaine de la parole humaine, elles ne couvrent qu'un bien petit segment du cercle entier. Grâce à l'abondance de leurs trésors littéraires, les renseignements que nous donnent ces idiomes sont d'une certitude parfaite : ce sont sans contredit les meilleurs sujets à disséquer pour étudier l'anatomie de la parole, et presque toutes les découvertes qu'on a faites sur les lois du langage, sur les procédés de la composition, de la dérivation et de la flexion, sont dues à des savants occupés d'études aryennes et sémitiques. Je suis donc bien loin de rabaisser la valeur de leurs recherches, mais tout en rendant pleine justice à la méthode qu'ils ont adoptée pour découvrir quelles lois président au développement et au déclin des langues, il ne faut pas nous dissimuler que notre champ d'observation a été ainsi extrêmement limité, et que nous agirions au mépris des règles les plus simples d'une saine induction, si nous nous permettions de généraliser d'après d'aussi maigres données. Cherchons d'abord à voir clairement quelle place les deux *familles* aryenne et sémitique occupent dans le monde des langues. Ce ne sont en réalité que deux centres, deux colonies du langage : et nous connaissons bien leur période de déclin, mais non leur période de croissance, leur carrière descendante. mais non leur cours ascendant. leur *être*, comme nous disons en allemand, mais non leur *devenir* (*ihr Gewordensein, nicht ihr Werden*). Même dans les plus anciens monuments littéraires, le langage aryen, et comme lui le langage sémitique, nous apparaît déjà fixé et pétrifié. Tous deux avaient quitté pour toujours cet état, où la langue croit et s'épanouit jusqu'à ce que son exubérante fertilité s'arrête par l'effet d'une centralisation religieuse ou politique, d'une tradition orale, ou enfin d'une littérature écrite. Dans l'histoire naturelle du langage, l'écriture, ou, ce qui la remplace dans les temps primitifs, la tradition orale, est chose purement accidentelle ; elle représente une influence étrangère, qui en histoire naturelle ne peut se comparer qu'à la domestication des plantes et des animaux. Si l'idée d'une littérature, soit orale soit écrite, n'était jamais entrée dans l'esprit humain, le langage serait encore le langage, il serait plus véritablement le langage. Quelque intéressants que soient les effets de cette domestication artificielle de la langue, nos idées sur le langage à l'état naturel, et par conséquent sur ce qu'ont dû être le sanscrit et l'hébreu avant que la culture littéraire les eût domptés et fixés, ont évidemment besoin de s'appuyer sur d'autres observations que l'étude exclusive du langage aryen ou sémitique. Je maintiens que ce que nous appelons langage aryen ou sémitique, quelque merveilleux que soient ses représentants littéraires, n'est que l'ensemble d'un certain nombre de *variétés*, devant toutes leur origine à un fait historique qui s'est présenté deux fois, la centralisation de la langue encore sauvage et sans règles ; je maintiens que tout parfaits, tout puissants, tout glorieux qu'ils sont dans l'histoire du monde, aux yeux du linguiste, le sanscrit. le grec et le latin, l'hébreu, l'arabe et le syriaque sont ce qu'un naturaliste appellerait sans hésiter des *monstres*, des formations exceptionnelles et contre nature ; ces langues ne peuvent nous révéler le véritable caractère qu'aurait le langage, si, laissé à lui-même, il obéissait sans aucune intervention et sans aucun obstacle à ses propres lois. Pour cette étude les dialectes chinois et touraniens, et même les jargons que parlent les sauvages de l'Afrique, de la Polynésie et de la Mélanésie, sont bien plus instructifs que le sanscrit et l'hébreu analysés de la manière la plus minutieuse. L'impression que l'étude du sanscrit, du grec et du latin laisse sur notre esprit, c'est que le langage est une œuvre d'art très-compliquée, très-merveilleuse et très-parfaite. Nous avons donné tant de noms aux traits extérieurs de sa physionomie, à ses genres et cas, à ses temps et modes, à ses participes, gérondifs et supins, qu'à la fin nous sommes effrayés de nos propres inventions. Qui peut lire d'un bout à l'autre la liste des verbes dits irréguliers, ou considérer les milliers et les milliers de mots que contient un dictionnaire grec, sans se figurer qu'il erre dans un véritable labyrinthe ? Mais comment, demanderai-je, ce labyrinthe s'est-il élevé? comment tout cela s'est-il formé ? Nous-mêmes, quand nous parlons notre langue, nous parcourons pour ainsi dire les chambres les plus intimes, les recoins les plus sombres de ce palais primitif, mais nous ne pouvons dire suivant quel chemin et par quels passages nous sommes arrivés là : nous cherchons en vain un fil d'Ariane pour nous conduire hors de ce château enchanté, et pour nous apprendre la route par laquelle nous y sommes venus, ou par laquelle nos pères et nos ancêtres y sont entrés avant nous.

Cette question: Comment le langage est-il devenu ce qu'il est? a été posée bien des fois. Un simple écolier, pour peu qu'il ait un grain du don d'admirer, doit se demander pourquoi *mensa* signifie *une* table, et *mensae* plusieurs tables, pourquoi j'aime serait plutôt *amo*, je suis aimé *amor*, j'aimerai *amabo*, j'ai aimé *amavi*, j'aurais aimé *amavissem*. Pendant bien longtemps on n'a pu faire à ces questions que deux réponses. Toutes deux semblent à nos oreilles presque absurdes, et néanmoins elles ont été dans leur temps défendues par les autorités les plus hautes. Ou bien, disait-on, le langage (et particulièrement la charpente grammaticale du langage) a été formé par *convention* : on s'est entendu pour appeler une table *mensa* et plusieurs tables *mensae* : ou bien, et c'était là l'idée de Schlegel, le langage possédait une vie organique, et ses terminaisons, ses préfixes et ses suffixes devaient avoir poussé comme autant de boutons et de fleurs sur les radicaux, les tiges et les branches du langage. Il nous paraît presque incroyable que de telles théories aient été soutenues sérieusement, et par des hommes qui ne manquaient ni de science ni de génie. Mais que pouvaient-ils répondre de mieux ? qu'a-t-on répondu de mieux jusqu'à nos jours ? Nous avons bien appris quelque chose, surtout par les dialectes modernes, qui ont repris souvent les procédés de la langue mère, et qui ainsi nous trahissent les secrets de la famille : nous avons appris que dans quelques dialectes du sanscrit moderne, en bengali par exemple, le pluriel se forme comme en chinois, en mongol, en turc, en finnois, en birman et en siamois, et aussi comme dans les dialectes dravidiens et malayo-polynésiens, par l'addition d'un mot exprimant la pluralité, auquel on rajoute après coup les désinences du singulier [1] ; nous avons appris du français comment un futur peut être formé par un verbe auxiliaire, *je parler ai* devenant *je parlerai* ; nous avons appris de notre propre langue, soit l'anglais soit l'allemand, que certains suffixes, *head* dans *godhead* (divinité), *ship* dans *ladyship* (titre de *lady*), *dom* dans *kingdom* (royaume), étaient à l'origine des substantifs, signifiant qualité, forme, état. Mais je doute que (même après cela) nous eussions pu arriver à une intelligence complète des antécédents du langage, si ce qui est arrivé dans la stratification de la terre n'avait pas eu lieu dans l'histoire des langues. Si la formation de la croûte terrestre avait été parfaitement régulière et uniforme, et si aucune des couches inférieures ne s'était soulevée, de façon que dans ce grand livre *on pût lire même en courant*, aucun puits partant de la surface ne serait descendu assez bas pour conduire le géologue des terrains tertiaires aux roches siluriennes. De même pour le langage. Si quelques langues, arrêtées dès le premier âge dans leur croissance, n'étaient pas restées à la surface dans leur état primitif, seulement exposées à l'influence dissolvante de l'atmosphère et aux injures de la culture littéraire, je doute que jamais un savant

1. Dans mon essai *On the Relation of Bengali to the Aryan and Aboriginal Languages of India*, publié en 1847, j'ai tâché d'expliquer les suffixes du pluriel tels que *dig, gaṇa, ǵâti, varga, dala*. J'avais traduit le dernier mot par *band* (bande), supposant d'après Wilson et le *Çabda-kalpadruma* que *dala* pouvait être pris dans le sens de bande ou de multitude. Mais je doute que *dala* soit jamais employé en sanscrit dans ce sens, et je suis certain en tout cas qu'il ne l'était pas assez fréquemment pour expliquer le rôle qu'il remplit en bengali. Le docteur Friedrich Müller, dans ses utiles extraits de quelques-unes des grammaires découvertes par la *Novara* pendant son voyage autour du monde (1857-59), a aussi rapporté *dal* au sanscrit *dala*, mais il traduit l'anglais *band* en allemand par *Band* « ruban », sens que n'a jamais *dala*; j'entendais par l'anglais *band* l'allemand *Bande* « bande (de voleurs) ». Le *dala* bengali peut-il être le dravidien *tala* ou *dala* « armée, foule », que le docteur Caldwell (p. 197) mentionne comme une étymologie possible du suffixe pluriel dans les langues dravidiennes? — Le principe sur lequel sont formés ces pluriels est historiquement tout autre que celui qui a conduit à la formation du pluriel en persan : ici *ân* et *hâ* sont des restes de désinences plurielles altérées, non des noms collectifs ajoutés au thème.

eût eu le courage de dire : A une certaine époque, le sanscrit ressemblait au chinois et l'hébreu n'était pas au-dessus du malai. Grâce aux couches successives du langage, ainsi exposées à nos yeux, nous avons comme en géologie un fil d'Ariane, et si nous ne refusons pas de nous confier à sa direction, il nous conduira hors de ce sombre labyrinthe où nous vivons, par la même route que nous et nos prédécesseurs y sommes entrés à l'origine. Plus nous retournerons ainsi sur nos pas, plus nous avancerons d'étage en étage, de couche en couche, et plus nous nous sentirons comme éblouis de la lumière qui pénétrera jusqu'à nous. Au lieu de la complication de la grammaire grecque ou sanscrite, nous admirerons la merveilleuse simplicité de la chaîne sur laquelle le langage humain est tissé, telle par exemple que nous la voyons encore en chinois ; nous serons frappés des inventions enfantines qui sont au fond des *paulo-post-futurs* et des *modes conditionnels*.

Que nul ne s'effraie de l'idée d'étudier une grammaire chinoise. Ceux qui sont capables de s'intéresser aux secrets ressorts de l'esprit humain, aux éléments de la raison pure, aux lois de la pensée, trouveront une grammaire chinoise très-instructive et presque fascinante. C'est la fidèle photographie de l'homme dans ses lisières, essayant les muscles de son esprit, cherchant son chemin à tâtons, et si enchanté de ses premières tentatives heureuses qu'il les renouvelle sans cesse. Jeu d'enfant, si vous voulez, mais où se déploient comme dans tout jeu d'enfant la sagesse et la force qui sont déjà parfaites sur les lèvres des bébés et des nourrissons. Toute nuance de la pensée qui eut son expression dans le système si fini et si exactement équilibré des temps, des modes et des particules de la langue grecque, peut être exprimée et l'a été, dans ce langage au maillot, par des mots qui n'ont ni préfixe ni suffixe, ni terminaisons pour indiquer le nombre, le cas, le temps, le mode ou la personne. Tout mot chinois est monosyllabique, et le même mot, sans aucun changement de forme, peut servir de nom, de verbe, d'adjectif, d'adverbe, de particule. Ainsi *ta*, suivant sa position dans une phrase, peut signifier grand, grandeur, grandir, très, beaucoup [1].

Ici une observation très-importante a été faite par les grammairiens chinois : observation qui, légèrement modifiée et étendue, contient tout le secret du développement du langage, depuis le chinois jusqu'à l'anglais. Si un mot en chinois est employé

1. Stan. Julien, *Exercices pratiques*, p. 11.

avec sa véritable signification de nom ou de verbe, on l'appelle mot *plein* (*shi-tsé*) ; si on l'emploie comme une particule, comme un signe purement déterminatif ou formel, on l'appelle mot *vide* (*hiu-tsé*). Il n'y a actuellement en chinois aucune différence extérieure entre les mots pleins et vides ; et il n'en est que plus honorable aux grammairiens de la Chine, en l'absence de toute distinction apparente, d'avoir aperçu la distinction cachée [1].

Recevons donc des grammairiens chinois cette leçon générale, qu'un mot peut devenir *vide* ; et, sans restreindre comme eux le sens de ce terme, employons-le dans l'acception la plus générale, pour exprimer ce fait, que *des mots peuvent perdre leur sens primitif*.

Ajoutons à cela une seconde observation que ne pouvaient guère faire les Chinois, mais que nous verrons vingt fois confirmée dans l'histoire du langage : c'est que *les mots vides*, ou, pourrions-nous dire aussi, les mots morts, *sont particulièrement exposés à l'altération phonétique*.

Il est clair maintenant, après ces deux observations préliminaires, que nous pouvons imaginer trois états du langage :

1. — Il peut y avoir des langues où tous les mots, vides ou pleins, conservent leur forme indépendante. Même des mots employés là où nous les remplacerions par de simples suffixes ou des désinences conservent en chinois l'intégrité de leur forme. Ainsi en chinois *gin* signifie homme, et *lu*, nombre ou monceau ; *gin-lu*, homme-nombre, nombre d'hommes. Dans ce composé les deux mots *gin* et *lu* continuent à être perçus comme mots indépendants, plus que *man* et *kind* dans le composé anglais *mankind* (humanité) : toutefois *lu* est devenu vide ; il ne sert plus qu'à déterminer le mot précédent *gin* « homme », et à nous dire quelle quantité ou quel nombre il faut attribuer à *gin*. Ce composé, qui par son objet répond à notre pluriel, par sa forme est bien loin de *men*, pluriel de *man* (homme).

2. — Des mots vides peuvent perdre leur indépendance, éprouver une altération phonétique, et dégénérer en simples suffixes ou désinences. Ainsi en birman le pluriel est marqué par

---

1. Endlicher, *Chinesische Grammatik*, § 122. Wade, *Progressive Course. On the parts of speech*, p. 102. — Une autre division adoptée par les grammairiens chinois est celle des mots *morts* et *vivants* (*ssè-tsé* et *sing-tsé*), la première classe comprenant les noms et la seconde les verbes. On dit aussi quelquefois *tsing-tsé* et *ho-tsé*, mots immobiles et mots mobiles. — V. Endlicher, *Chin. Gramm.*, § 219.

to: en finnois, en mordvinien et en ostiak par *t*. Dès que *to* cesse d'être employé comme mot indépendant avec le sens de nombre, il devient *vide*, ou, si vous voulez, obsolète, et n'a plus de signification qu'en tant qu'exposant de la pluralité. Et même il peut finir par se réduire à une seule lettre, qui est alors appelée par les grammairiens la désinence du pluriel. Dans ce second état l'altération phonétique peut détruire à peu près entièrement les mots vides : mais, et ceci est important, aucun mot plein, aucun radical n'est encore attaqué par cet agent de dissolution.

3. — L'altération phonétique peut aller (et en fait elle va) encore plus loin. Des mots pleins peuvent à leur tour perdre leur indépendance, et être attaqués de la même maladie qui a défiguré les suffixes et les préfixes. Dans cet état il n'est souvent plus possible de distinguer entre les éléments radicaux et les éléments formatifs des mots.

Si nous voulions représenter ces trois états du langage algébriquement, nous pourrions représenter le premier par RR (R indiquant une racine qui n'a pas éprouvé d'altération phonétique), le second par R + ϸ ou ϸ + R ou ϸ + R + ϸ ϸ désignant un mot vide, phonétiquement modifié), le troisième par rϸ, ϸr ou ϸrϸ, quand les mots vides et pleins, également altérés, ont été soudés en une masse indistincte à la chaleur intense de la pensée et par le martelage incessant de la langue.

Ceux qui connaissent les ouvrages de Humboldt reconnaîtront aisément dans ces trois états une classification des langues suggérée pour la première fois par cet éminent philosophe. Selon lui les langues peuvent se partager en langues *isolantes, agglutinatives* et *flexionnelles* ; et la définition qu'il donne de ces trois classes est d'accord en général avec la description qu'on vient de lire des trois états du langage.

Mais ce qui est curieux, c'est que cette triple classification, avec les conséquences auxquelles elle conduit, n'ait pas été clairement comprise, et qu'un système dont l'erreur est palpable ait été fondé là-dessus. Nous trouvons vingt fois répété dans la plupart des ouvrages de philologie comparée que le chinois appartient à la classe *isolante*, les idiomes touraniens à la classe *agglutinative*, les idiomes aryens et sémitiques à la classe *flexionnelle* ; enfin le professeur Pott et son école paraissent convaincus qu'aucune évolution n'a jamais lieu du langage isolant au langage agglutinatif, ni de celui-ci au langage flexionnel [1].

---

1. Pott, article intitulé *Max Müller und die Kennzeichen der Sprach-*

Nous serions donc forcés de croire que quelque instinct grammatical inexplicable, ou je ne sais quelle nécessité intrinsèque, a créé les langues, dès l'origine, isolantes, agglutinatives ou flexionnelles, et qu'elles doivent rester telles à tout jamais. Il est étrange que ces savants, qui tiennent toute transition impossible entre une forme de langage et une autre, n'aient pas vu qu'il n'y a réellement pas de langue qu'on puisse appeler à la rigueur isolante, agglutinative ou flexionnelle, et que le passage d'un état à l'autre a lieu constamment sous nos propres yeux. Même le chinois n'est pas libre de toute forme agglutinative ; et parmi les langues agglutinatives, les plus développées laissent apparaitre nettement la flexion qui commence. La difficulté n'est pas de montrer la transition d'une couche du langage à une autre, mais plutôt de tracer une ligne de démarcation bien nette entre les couches différentes. On a rencontré la même difficulté en géologie, et elle a mené sir Charles Lyell à inventer des noms

verwandtschaft, publié en 1855 dans le *Journal de la Société Orientale allemande*, vol. IX, p. 112. Il réfute Bunsen et son idée d'un progrès historique du langage de l'état le plus bas à l'état le plus élevé : «Guillaume de Humboldt, si prudent observateur, repousse expressément dans le dernier chapitre de son ouvrage sur la *Diversité de structure du langage humain* (p. 114) toute conclusion relative à un passage historique réel d'une étape du langage à une autre, ou du moins il ne se risque à adopter aucune opinion tranchée. Voilà sûrement quelque chose qui diffère beaucoup du progrès graduel en question, et il faudrait savoir si en admettant ce passage d'une étape à une autre on commettrait une absurdité moins palpable qu'en essayant de donner à des infusoires l'organisme du cheval ou l'organisme de l'homme. M. Bunsen, à la vérité, n'hésite pas à appeler l'idiome monosyllabique de la Chine une formation inorganique. Mais comment pouvons-nous passer d'un langage inorganique à un langage organique? dans la nature un fait pareil serait impossible. Jamais une pierre ne devient plante, ni une plante ne devient arbre, même par la métamorphose la plus merveilleuse, si ce n'est, en un sens tout particulier, par le procédé de la nutrition, c'est-à-dire par la régénération. M. Bunsen résout notre première question, à laquelle il répond affirmativement, par cette courte phrase : « Supposer qu'une langue commence avec des flexions nous • paraît tout simplement une absurdité », mais malheureusement il ne daigne pas nous donner une explication claire pour rendre cette absurdité palpable. Pourquoi donc, dans les langues à flexions, les formes grammaticales se seraient-elles toujours ajoutées à la matière du langage après coup, en venant du dehors? pourquoi certaines d'entre elles n'auraient elles pas été créées dès l'origine en même temps que cette matière et avec cette matière, prenant un sens dès qu'elles étaient jointes à autre chose, sans avoir eu précédemment de signification par elles-mêmes? »

élastiques comme Éocène, Miocène, Pliocène, noms qui indiquent *l'aurore*, la *moins grande quantité*, la *prédominance* des formations nouvelles, mais qui ne marquent pas de ligne bien nette pour séparer une couche d'une autre. Ici comme ailleurs, la croissance naturelle, et même l'accumulation purement mécanique et la concrétion, sont choses si délicates, si près d'être imperceptibles, qu'elles défient toute terminologie scientifique rigoureuse, et nous apprennent impérieusement à nous contenter d'une exactitude approximative. Pour la pratique, la classification de Humboldt peut être très-suffisante, et nous ne faisons pas difficulté de désigner telle langue donnée, suivant le caractère qui prédomine dans ses formations, comme isolante, agglutinative ou flexionnelle. Mais quand nous analysons chaque langue de plus près, nous trouvons qu'aucune n'est exclusivement isolante, ou exclusivement agglutinative, ou exclusivement flexionnelle. La faculté de la composition, qui s'est conservée intacte à travers toutes les couches du langage, peut à un moment quelconque mettre une langue flexionnelle sur le même rang qu'une langue isolante. Un composé comme le sanscrit *gô-duh* « qui trait la vache » diffère bien peu, si toutefois il en diffère, du chinois *ngou-ü* « lait de vache », tant qu'il n'a pas pris la désinence du nominatif, ce que ne peut faire le mot chinois. De même en anglais *New-Town*, en grec *Nea-Polis*, seraient de simples composés agglutinatifs. *Newton* (forme abrégée de *New-Town*) se trouverait encore dans la couche agglutinative, mais *Naples* (contraction de *Nea-Polis*) devrait être assigné à la période des flexions. Les langues finnoise, hongroise, turque, et les langues dravidiennes, appartiennent en gros à la couche agglutinative, mais comme elles ont reçu une culture littéraire considérable, elles présentent les unes et les autres des formes que dans tous les sens du mot on peut appeler flexionnelles. Lorsqu'en finnois par exemple nous trouvons le singulier *kasi* (la main) et le pluriel *kadet* (les mains), nous voyons que l'altération phonétique a décidément attaqué le cœur même du nom, et formé un pluriel plus nettement flexionnel que le grec χεῖρ-ες ou l'anglais *hand-s*. Dans le tamoul, où le suffixe du pluriel est *gal*, nous avons bien une forme agglutinative dans *kei-gal* (les mains) ; mais si ce même suffixe *gal* s'ajoute à *kal* (pierre), les règles euphoniques du tamoul exigent non-seulement un changement du suffixe, qui devient *kal*, mais aussi une modification dans le corps du mot, *kal* se changeant en *kar*. Nous obtenons ainsi le pluriel *karkal* qui est dans tous les sens du mot une forme flexionnelle. Dans ce suffixe du pluriel *gal*, le docteur Cardwell a reconnu le dravidien *tala* ou *dala* (armée, foule) : l'évidence de cette étymologie n'est peut-être pas entièrement satisfaisante, mais le savant auteur de la *Grammaire comparée des langues dravidiennes* a ramené la terminaison ordinaire du pluriel en telinga, *lu*, à ce même suffixe primitif *kal*, d'une manière qui ne permet qu'un faible doute.

On trouvera facilement des faits du même genre dans toute grammaire, que ce soit celle d'une langue isolante, agglutinative ou flexionnelle ; partout où on trouvera des preuves d'une marche ascendante ou descendante. Partout les mots amalgamés ramènent à l'agglutination, et les mots agglutinés à la juxta-position ; partout une langue isolante tend à acquérir des désinences, et celles-ci tendent à devenir des flexions.

Je ne puis mieux expliquer l'idée qu'on se fait d'habitude des couches du langage qu'en me reportant aux couches de la terre. Ici aussi, quand diverses couches ont été soulevées, on peut croire à première vue qu'elles sont dressées verticalement l'une à côté de l'autre, sans qu'aucune d'elles en supporte ou en présuppose une seconde; mais des preuves évidentes con-traignent le géologue à renverser par la pensée cette position verticale, et à replacer les couches dans l'ordre naturel où elles se succédaient les unes aux autres horizontalement. De même le linguiste est invinciblement conduit à des conclusions semblables. Aucune langue ne peut être flexionnelle sans avoir passé par les couches agglutinative et isolante; aucune langue ne peut être agglutinative sans plonger par ses racines dans la couche inférieure, celle de l'isolement. Si le sanscrit, le grec, l'hébreu, n'avaient traversé la couche agglutinative — s'ils n'avaient même été, à une époque quelconque, au niveau de la couche chinoise — leur forme actuelle serait un miracle. On concevrait aussi bien la craie sans une couche sous-jacente d'oolithe, ou une couche d'oolithe que ne supporterait pas le trias ou bien les terrains de grès rouge récent. La phrase de Bunsen, qui dit que demander si une langue peut commencer avec des flexions implique une absurdité, peut paraître formulée trop rigoureusement; pourtant, s'il a pris le mot flexion dans le sens généralement reçu, dans le sens de quelque chose qu'on peut ajouter et ôter ensuite à un thème pour en définir ou en modifier la signification, alors il suffit de se rappeler le simple axiome *Ex nihilo nihil fit* : et on est bien sûr que les flexions ont dû être quelque chose par elles-mêmes avant de devenir flexions relativement au thème, que le thème a dû exister par lui-même avant d'être défini ou modifié par les flexions. Mais il est inutile de nous en tenir à des arguments de pure logique, quand nous pouvons faire appel à l'histoire. Autant que nous pouvons poursuivre l'histoire du langage, nous le voyons contenu dans les limites des trois couches ou zones que nous venons de décrire. Il y a sans doute des flexions qu'on ne peut encore expliquer : par exemple l'*m* de l'accusatif singulier masculin et féminin, et du nominatif singulier des noms neutres; ou bien l'échange des voyelles dans les noms hébreux *Piel* et *Pual*, *Hiphil* et *Hophal*, pour lesquels nous pourrions être tentés d'admettre des procédés de formation autres que la juxtaposition et l'agglutination. Mais songeons qu'en sanscrit l'instrumental pluriel védique *açvebhis* (latin *equobus*) devient sous nos yeux mêmes *açvais* (latin *equis*); que dans *Bruder* (frère, *brother*) et *Brüder* (frères, *brethren*), dans *ich weiss* (je sais, anglo-saxon *wât*) et *wir wissen* (nous savons, anglo-saxon *wit-on*), la flexion a été expliquée par des procédés purement mécaniques, c'est-à-dire agglutinatifs : et ne désespérons pas de voir les découvertes continuer dans la même direction. Une chose est certaine : partout où la flexion a cédé à une analyse rationnelle, elle a été invariablement reconnue pour le résultat d'une agglutination antérieure; et partout où on a poursuivi les traces de l'agglutination jusque dans une couche plus profonde, cette couche a été celle de la simple décomposition. Les blocs si primitifs du chinois et les aggrégats d'une complication si embarrassante du grec peuvent donc s'expliquer par un seul procédé de formation, qui a fonctionné sans interruption sur les éléments matériels les plus divers; du reste, on ne peut se représenter durant la formation du langage d'autres couches que les trois couches qu'a traversées jusqu'à présent toute langue humaine. Tout ce que nous pouvons faire est de subdiviser chacune d'elles; et ainsi, par exemple, de distinguer dans la seconde les langues à suffixes ($R + \varsigma$) des langues à préfixes ($\varsigma + R$) et des langues à affixes ($\varsigma + R + \varsigma$). Une quatrième classe, celle des langues à infixes ou à emboîtement, n'est qu'une variété de la classe à affixes; car si en basque ou dans les dialectes polysynthétiques de l'Amérique on trouve quelque chose qui ressemble actuellement à l'insertion de certains éléments formatifs dans le corps d'un thème, cela peut s'expliquer d'une manière plus rationnelle : il y a eu antérieurement un thème plus simple, auquel des suffixes ou affixes modificatifs ont été liés, mais non si intime-

ment qu'on ne puisse ajouter par insertion un suffixe nouveau
à la fin du thème (et non comme chez nous à la fin du composé).
Si nous pouvions dire en grec δεικ-μι-νυ pour δεικ-νυ-μι, ou en
sanscrit *ju-mi-nag* pour *ju-nag-mi*, nous aurions là de véri-
tables éléments du procédé de formation par emboîtement [1].

Quelques exemples nous feront voir plus clairement comment
le langage s'élève normalement d'une couche à une autre. Nous
l'avons vu, en chinois tout mot est monosyllabique, tout mot a
sa valeur propre, et il n'y a jusqu'ici ni suffixes faisant dériver
un mot d'un autre, ni désinences casuelles marquant une relation entre deux mots. Comment donc le chinois distingue-t-il
fils du père et *père du fils?* simplement par la position. *Fú*
est père, *tsé* est fils : alors *fú tsé* est fils du père, *tsé fú* père
du fils. Cette règle n'admet qu'une seule exception. Si un chinois
veut dire un verre *à* vin, il met vin d'abord et verre ensuite,
comme dans l'anglais *wine-glass*. S'il veut dire un verre *de*
vin, il met d'abord verre et ensuite vin. Ainsi on a *i-pei thsieou*,
une tasse de vin; *thsieou-pei,* une tasse à vin. Si pourtant on
désire indiquer plus nettement le mot qui est au génitif, on peut
le faire suivre du mot *tchi*, et nous pouvons dire *fú tchi tsé*,
fils du père. Dans le dialecte mandarin ce *tchi* est devenu *li*,
et on l'ajoute si constamment à celui des deux mots qui est régi
que dans tous ses sens et dans tous ses emplois on peut le traiter
comme ce que nous appelons la désinence du génitif. Originairement ce *tchi* était un pronom relatif, et on l'emploie encore
comme tel dans l'ancien chinois [2].

Il est parfaitement vrai que le chinois ne possède pas de
suffixes dérivatifs, qu'il ne peut faire dériver par exemple *kingly*
(royal) d'un nom comme *king* (roi), ou des adjectifs comme
visible et *invisible* d'un verbe *videre* (voir). Pourtant la même
idée que nous rendons par *invisible* s'exprime chez les Chinois
sans difficulté: ils disent *kán-pu-kien, regarder-pas-voir*, et
cela leur donne la même idée qu'à nous l'anglais *invisible*.

Nous ne pouvons en chinois faire dériver de *ferrum* (fer) un
nouveau substantif *ferrarius*, homme qui travaille le fer, forge-

<hr>

1. Comparez D. G. Brinton, *The Myths of the New World*, p. 6, note.

2. Stan. Julien, *Exercices pratiques*, p. 120. — Endlicher, *Chinesische
Grammatik*, § 161. Voir aussi Nöldeke, *Orient und Occident*, I, p. 759. *Grammar of the Bornu language* (London 1853), p. 55 : « dans le Traité le génitif est remplacé par le pronom relatif *agu*, ce qui corrobore singulière-
ment la théorie du Révérend R. Garnett sur le cas génitif ». [Il s'agit
d'un traité d'amitié entre le peuple bornu et l'Angleterre. — Trad.]

ron; ou *ferraria*, mine de fer; ou encore *ferrariarius*, homme qui travaille dans une mine de fer : tout cela n'est possible que dans une langue à flexions. Mais il ne faut pas supposer qu'en chinois il y ait une expression indépendante pour chaque conception isolée, et même pour celles qui sont évidemment secondaires et dérivées. Si une flèche en chinois est *shi*, un faiseur de flèches (en français *fléchier*, en anglais *fletcher*) s'appelle un homme à flèches, *shi gin*. *Shui* veut dire eau, *fu* homme: *shui-fu* signifie un homme-à-eau, un porteur d'eau. Le même mot *shui* (eau) suivi de *sheu* (main) signifie timonnier, proprement main-à-eau. *Kin* signifiant or et *tsiang* faiseur, on a *kin-tsiang*, orfèvre. *Shou* voulant dire livre, *sheu* main, on a *shou-sheu*, écrivain, littéralement main-à-livres.

Passer de ces composés à une langue vraiment agglutinative est extrêmement facile. Que *sheu*, dans le sens de main, devienne obsolète, et soit remplacé dans le langage ordinaire par un autre mot signifiant main ; que des noms comme *shou-sheu* (auteur) ou *shui-sheu* (timonnier) soient conservés : le peuple qui parle cette langue s'habituera bientôt à considérer *sheu* comme un simple dérivatif, et l'emploiera par une sorte de fausse analogie même là où le sens originel de *sheu*, main, n'aurait pas pu s'appliquer [1].

Nous pouvons observer le même procédé même dans des langues relativement modernes. En anglo-saxon, par exemple, le mot *hâd* signifie état, ordre, et s'emploie comme un mot indépendant. Il a été employé ainsi jusqu'à Spenser, qui a écrit :

> Cuddie, I wote thou kenst little good,
> So vainly t'advaunce thy headlesse hood [2].

1. Edkins, *Grammar of the Chinese Colloquial Language*, 2ᵉ éd., 1861, p. 100 :

« Le temps change le sens comme le son des mots. Ainsi beaucoup de vieux mots sont restés dans des composés, mais ont perdu leur signification originelle. Par exemple *'k'eu*, bouche, a été remplacé dans l'usage familier par *'tsui*, mais a encore un emploi très-étendu dans les termes composés et dans des sens dérivés. Ainsi : *k'uai' 'k'eu*, un parleur rapide, *men 'k'eu*, porte, *kwan 'k'eu*, douane. De même aussi *muh*, le mot primitif pour œil, a cédé la place à *'yen*, *tsing* ou *'yen* seul. On l'emploie pourtant avec d'autres mots dans des sens dérivés : *ex. muh hia'*, à présent, *muh luh*, table des matières.

« Le mot primitif pour tête, *'sheu*, a été remplacé par *t'eu*, mais subsiste combiné avec divers mots : *ex. tseh 'sheu*, chef de brigands ».

2. « Cuddie, je vois que tu ne sais pas grand' chose de bon, d'aller vanter si étourdiment ton fol amour (proprement *ton état écervelé*). »

Après un certain temps cependant, *hâd*, en tant que mot indépendant, se perdit et fut remplacé par des expressions plus classiques : *habit, nature, disposition*. Mais il resta des composés comme *man-hâd*, l'état d'homme, *God-hâd*, la nature de Dieu; et dans ces mots le dernier élément, étant désormais un mot vide et sans signification, fut bientôt regardé comme un simple suffixe. Ayant perdu sa vitalité, et étant d'autant plus exposé à l'altération phonétique, il prit les deux formes *hood* et *head*.

Prenons un autre exemple. Le nom donné au renard dans l'ancienne poésie allemande était *Regin-hart*. *Regin*, en vieux haut-allemand, signifie pensée, finesse, ruse; *hart*, le gothique *hardu*, signifie fort. Ce *hart* correspond au grec κράτος qui, dans sa forme adjective κρατύς, forme autant de noms propres en grec que *hart* en allemand [1]. En sanscrit le même mot existe sous la forme *kratu*, avec le sens de la force intellectuelle plutôt que corporelle, nuance qui s'aperçoit encore dans l'allemand *hart* et dans l'anglais *hard* et *hardy*. *Reginhart* était donc originairement un composé signifiant fort en ruse. D'autres mots formés d'une manière analogue sont : *Peran-hart* et *Bernhart*, littéralement hardi comme un ours; *Ebur-hart*, semblable à un sanglier; *Engilhart*, semblable à un ange; *Gothart*, semblable à un dieu; *Eginhart*, féroce; *Hugi-hart*, sage, fort par la pensée, l'anglais *Hogarth*. En bas-allemand, le second élément, *hart*, perdit son *h* et devint *ard*. Cet *ard* n'eut plus de sens défini, et quoique dans quelques mots où il entre nous puissions encore retrouver sa valeur primitive, il devint bientôt simple dérivatif, et s'ajouta indistinctement aux mots pour former de nouveaux composés. Dans le nom bas-allemand du renard, *Reinaert*, ni le premier élément ni le second ne nous dit rien, et tous deux ensemble sont devenus un simple nom propre. Dans d'autres mots, le premier élément conserve sa signification, mais le second, *ard*, n'est plus qu'un suffixe. Ainsi nous trouvons en bas-allemand *dronk-ard*, ivrogne; *dick-ard*, gros homme; *rik-ard*, richard; *gêr-ard*, un avare. En anglais *sweet-ard*, originairement personne chérie, s'est changé et ressuscité sous la forme *sweet-heart*, cœur doux, par le même procédé qui de *shamefast*, honteux, timide, a fait *shamefaced*[2]. Mais, ce qui est encore plus

---

1. Grimm, *Deutsche Grammatik*, II 330.
2. Comp. l'allemand *Liebhart*, un mignon, dans Anshelm, I, 335. Grimm.

curieux, ce suffixe *ard*, qui a perdu toute vie et tous sens en bas-allemand, a été adopté comme un dérivatif commode par les langues romanes. Après avoir emprunté un certain nombre de mots comme *renard* et de noms propres comme *Bernard, Richard, Gérard*, ceux qui charpentèrent les dialectes romans modernes employèrent la même terminaison même au bout des mots latins. Ils formèrent ainsi non-seulement beaucoup de noms propres comme *Abeillard, Bayard, Brossard*, mais des dénominations comme *criard*, et *leccardo* (gourmand), *linguardo* (bavard), *codardo* (provençal *coart*, français *couard*)[1]. On peut trouver étrange qu'un mot germanique devienne suffixe roman, et pourtant nous n'hésitons pas à employer des mots hindoustanis comme suffixes de notre langue. En hindoustani *válá* s'emploie pour former beaucoup de substantifs : *Dilli* signifiant Dehli, *Dilli válá* est un homme de Dehli ; *go* signifiant vache, on a *go-válá*, bouvier, contracté *grálá*. On peut former ainsi des composés innombrables ; et, comme le dérivatif a semblé commode et utile, on a fini par l'ajouter même à des mots anglais, comme par exemple dans *Competition wallah*[2].

Ce sont peut-être là des cas isolés, mais les principes sur lesquels ils reposent se retrouvent dans toute la structure de la langue. Il est surprenant de voir tout ce que peut accomplir l'application de ces principes, quels vastes résultats peuvent sortir des moyens les plus simples. A l'aide du simple radical *i* ou *jâ* (ou aussi *ja*) qui dans les langues aryennes signifie aller ou envoyer, les hommes qui ont fondé presque sans s'en douter la grammaire aryenne formèrent non-seulement leurs verbes neutres, causatifs et dénominatifs, mais leurs passifs, leurs optatifs, leurs futurs, et un nombre considérable de substantifs et d'adjectifs. Chacune de ces formations, en sanscrit comme en grec, peut être et a été expliquée comme le résultat d'une agglutination entre n'importe quelle racine verbale donnée et le radical *i* ou *jâ*.

Il y a par exemple une racine *nak*, indiquant la mort ou la destruction. Nous la trouvons dans *nak* (nuit, latin *nox*, grec

Deutsche Grammatik, III, 707.

1. Diez, *Grammatik*, II, 358. Grimm, *Deutsche Grammatik*, II, p. 310, 706.

2. C'est le sobriquet donné aux membres du service civil de l'ex-compagnie des Indes, qui pour rester au service ont été astreints à passer un examen. Un livre a été publié sous le titre : *The competition wallah*. — Trad.

νέκ-υς), qui signifiait originairement l'effacement, la disparition, la mort du jour; nous avons la même racine en composition, comme par exemple dans *jīva-nak* « qui détruit la vie ». A l'aide de divers suffixes, le grec en a formé νέκ-ρός, cadavre, νέκ-υς, mort, et le pluriel νέκ-υες, les trépassés. En sanscrit, cette racine a donné un simple verbe, *naç-a-ti* (il périt). Mais pour lui donner une signification plus clairement neutre, un nouveau thème verbal se forme par composition avec *ja*, et on a *naç-ja-ti*, il périt.

Par un procédé au moins très-analogue, le sanscrit forme quantité de verbes dénominatifs. De *rājan* (roi) nous formons *rājā-ja-tē*, il se comporte en roi; proprement, il a *l'allure* d'un roi. De *kumārī* (jeune fille), *kumārī-ja-tē*, il se comporte comme une jeune fille [1].

Tirant de *naç* *nāça*, et ajoutant à cette forme le même radical *ja*, le sanscrit forme un verbe causatif *nāça-ja-ti*, il envoie à la mort (latin *necare*).

L'analogie est étroite entre le verbe neutre *naç-ja-ti* et le passif régulier, qui se forme en sanscrit par composition avec *ja*, mais en changeant la série des terminaisons personnelles. *Naç-ja-ti* veut dire il périt, et *naç-ja-tē* il est détruit.

Les terminaisons ordinaires de l'optatif en sanscrit sont :

jām jūs jāt jāma jāta jus.

ou, après les thèmes terminés par des voyelles :

ijam is it ima ita ijus.

En grec :

ιην ιης ιη ιημεν ιητε ιεν,

ou, après les thèmes en o :

οιμι οις οι οιμεν οιτε οιεν.

En latin :

iēm iēs iet — — ient.
īm īs it īmus ītis int.

Si nous ajoutons ces terminaisons à la racine AS (être), nous aurons le sanscrit : [*as-jām*]

sjām sjūs sjāt sjāma sjāta sjus,

le grec ; [ἐσ-ιην]

εἴην εἴης εἴη εἴημεν εἴητε εἶεν,

le latin : [*es-iēm*]

siēm siēs siet — — sient,

<hr>

1. Voir Max Müller, *Sanskrit Grammar*, § 497.

sim sis sit simus sitis sint.

Si nous ajoutons les autres terminaisons à un thème verbal qui finisse par certaines voyelles, nous avons :
sanscrit : [*bhara-ijam*]

bharējam bharēs bharēt bharēma bharēta bharējus,
grec : [φερο-ιμι]

φέρο-ιμι φέρο-ις φέρο-ι φέρο-ιμεν φέρο-ιτε φέρο-ιεν,
latin [*fere-īm*]

ferām ferēs feret ferēmus ferētis ferent

Ici nous retrouvons évidemment le même verbe auxiliaire, *i* ou *ja*, et nous sommes conduits à admettre que ce que nous appelons aujourd'hui un mode optatif ou potentiel était originairement une sorte de futur, formé de *ja*, aller, à peu près comme le français *je vais dire*. Ce futur aurait ensuite pris le caractère d'un commandement civilement exprimé (de même que nous pouvons employer *thou will go*, tu iras, dans le sens de *go*, va) ; et l'impératif se serait réduit à un simple potentiel (de même que nous pouvons dire *go and you will see*, allez et vous verrez, dans le même sens que *if you go, you will see*, si vous alliez, vous verriez).

Les terminaisons du futur sont :
sanscrit :

    sjāmi sjasi sjati sjāmas sjatha sjanti
grec :

    σω   σεις   σει   σομεν   σετε   σουσι.

Dans ces terminaisons nous avons réellement deux auxiliaires, le verbe *as* (être) et *ja* (aller) ; et en les ajoutant à n'importe quelle racine, comme par exemple DA (donner), nous avons :
sanscrit : [*dā-as-jā-mi*]

dā-s-jā-mi dā-s-ja-si dā-s-ja-ti dā-s-jā-mas dā-s-ja-tha dā-s-ja-nti
grec : [δω-εις-jω]

δώ-σ-ω δώ-σ-εις δώ-σ-ει δώ-σ-ομεν δώ-σ-ετε δώ-σ-ουσι[1].

Une forme verbale qui se présente très-fréquemment en sanscrit est le *participe-gérondif*, qui indique qu'il est nécessaire ou opportun de faire telle chose. Ainsi de *budh* (savoir) on forme *bōdh-ja-s* (*cognoscendus*, qu'il faut connaître) ; de *guh* (cacher) *guh-ja-s* ou *gōh-ja-s* (qui doit être caché) : propre-

---

1. Dans δώσω, pour δω-σjω, le *j* s'est perdu en grec comme d'ordinaire. Dans d'autres verbes *s* et *j* ont également disparu. Ainsi τενεσjω devient τενεσω, puis τενῶ, le *futur attique*.

ment « qui *va* cacher ou être caché »; do *jaǵ* (sacrifier), *jūǵ-ja-s* (qui est ou doit être honoré d'un culte). Ici encore ce qui *va* *être* devient ce qui *sera*, et, à la fin, ce qui *doit être*. En grec nous ne trouvons qu'un petit nombre de formes analogues, comme ἅγι-ο-ς (saint), στύγ-ι-ος (haïssable); en latin *exim-i-us* (qu'il faut extraire); en gothique *anda-nêm-ja* (acceptable, agréable; allemand *angenehm*) [1].

Tandis que les participes gérondifs en *ja* sont formés sur le même principe que les thèmes passifs en *ja*, une série de substantifs en *ja* paraît avoir été formée, à très-peu près, de même que les thèmes des verbes dénominatifs ou des verbes neutres, dans lesquels le dérivatif *ja* exprime originairement l'action d'aller, de se comporter, et à la fin simplement d'être. Ainsi de *vid* (savoir) nous avons en sanscrit *vid-jā* (connaissance), de *çī* (jacere) *çajjā* (repos). Formes latines analogues : *gaud-i-um*, *stud-i-um*, ou, avec des terminaisons féminines, *incd-i-a*, *invid-i-a*, *pernic-i-es*, *scab-i-es*; formes grecques : μαν-ί-α, ἁμαρτ-ί-α ou ἁμάρτ-ι-ον; formes allemandes, les nombreux noms abstraits en *i* et en *e* [2].

Voilà qui montre combien peut être et combien à été accompli, dans le langage, avec les matériaux les plus simples. Des verbes neutres, dénominatifs, causatifs, passifs; des optatifs et des futurs, des gérondifs, des adjectifs et des substantifs sont tous formés par un seul et même procédé, au moyen d'une seule et même racine. Ce n'est pas une portion méprisable de la grammaire qui se trouve ainsi expliquée par cette unique racine *ja*, aller, et nous apprenons ainsi une fois de plus combien simples et combien merveilleuses en même temps sont les voies du langage si nous le suivons d'étape en étape jusqu'à son point de départ primitif.

Or, ce qui s'est passé dans les cas que nous avons vus s'est

<hr>

1. Voir Bopp, *Vergleichende Grammatik* (*Grammaire comparée*), §§ 897, 898. Ces adjectifs verbaux doivent être distingués avec soin des adjectifs nominaux, comme en sanscrit *div-ja-s* (*divinus*), originairement *divi-a-s*, c'est-à-dire *divi-bhavas* (qui est au ciel); οἰκεῖος (*domesticus*), originairement οἰκει-ο-ς (qui est dans la maison). Ce sont des adjectifs formés d'anciens locatifs, exactement comme en basque nous pouvons former de *elche* (maison) *elche-tic* (de la maison) et *elche-tic-acoa* (celui qui est de la maison), ou de *seme* (fils) *semea-ren* (du fils) et *semea-ren-a* (celui qui est du fils). Voir W. J. van Eys, *Essai de grammaire de la langue basque*, 1867, p. 16.

2. Bopp, *Vergleichende-Grammatik*, §§ 888-898.

représenté mainte et mainte fois dans l'histoire du langage. Tout ce qui est maintenant *formel*, non-seulement les suffixes dérivatifs, mais tout ce qui constitue la charpente grammaticale et les articulations du langage, était originairement matériel. Ce que nous appelons aujourd'hui désinences casuelles, c'étaient la plupart du temps des adverbes de lieu; ce que nous appelons terminaisons personnelles des verbes, c'étaient des pronoms personnels. Les suffixes et les affixes étaient tous des mots indépendants, nominaux, verbaux ou pronominaux; il n'y a en un mot, dans le langage actuel, rien de vide, de mort, de *formel*, qui n'ait été à l'origine matériel, vivant et plein. C'est l'objet de la grammaire comparée de ramener tous les éléments formels ou morts à leur forme vivante; et, si ce procédé de restauration n'est nullement complet, si même dans plusieurs cas on n'entrevoit pas l'espoir de découvrir le type vivant dont proviennent ces fragments pétrifiés que nous appelons terminaisons ou suffixes, on a du moins rassemblé assez de preuves pour établir sur les plus fermes fondements cette maxime générale que *Rien n'est mort dans le langage qui à l'origine n'ait eu vie*, que rien n'existe dans la couche tertiaire qui ne retrouve ses antécédents et son explication dans la couche secondaire ou primaire du langage humain.

Après avoir expliqué autant qu'il m'a été possible en si peu de temps ce que je considère comme l'idée vraie de la stratification du langage, j'aurais voulu pouvoir vous montrer comment l'aspect de quelques uns des plus difficiles et des plus intéressants problèmes de notre science se modifie, si nous les considérons de nouveau, une fois éclairés des lumières nouvelles que nous a procurées notre recherche des antécédents nécessaires de toute langue. Permettez-moi seulement d'attirer votre attention sur l'un des points les plus contestés de la science du langage. Cette question : Pouvons-nous assigner une origine commune aux langues aryennes et sémitiques, a été discutée à satiété. Personne ne pense aujourd'hui à faire dériver le sanscrit de l'hébreu ou l'hébreu du sanscrit; la seule question est de savoir si, à un moment donné, tous deux ont pu faire partie d'un seul et même groupe de langues. Il y a des savants, et de très-éminents, qui nient entre eux toute ressemblance, tandis que d'autres ont rassemblé des matériaux qui semblent permettre difficilement d'attribuer de si nombreuses coïncidences à un pur hasard. Nulle part, certes, l'observation de Bacon sur la différence radicale qui existe entre les dispositions des divers hommes à l'égard de la philosophie et des sciences ne s'est trouvée mieux vérifiée que parmi les linguistes : — *Maximum et velut radicale discrimen ingeniorum, quoad philosophiam et scientias, illud est, quod alia ingenia sint fortiora et aptiora ad notandas rerum differentias; alia ad notandas rerum similitudines. ....Utrumque autem ingenium facile labitur in excessum, prensando aut gradus rerum, aut umbras* [1]. — Toutefois, avant d'entrer dans la discussion des preuves que produisent les divers savants à l'appui de leurs théories contradictoires, notre premier devoir est de poser une question préliminaire. Quelles preuves avons-nous à la rigueur le droit d'attendre, considérant que le sanscrit et l'hébreu appartiennent également, dans l'état où nous les connaissons, à la couche du langage où se trouvent les flexions?

D'abord, il est tout à fait clair que le sanscrit et l'hébreu étaient séparés bien avant d'atteindre la couche tertiaire, avant de devenir complètement langues à flexions ; et par conséquent ils ne peuvent avoir en commun aucune des particularités de leur état flexionnel, ni aucun des résultats de l'altération phonétique qui commence lorsque les formes agglutinatives sont devenues inintelligibles par elles-mêmes et purement traditionnelles. Je veux dire, par exemple, qu'en supposant que le pronom de la première personne ait été originairement le même dans les langues aryennes et sémitiques, en supposant que dans l'hébreu *an-oki* (assyrien *an-aku*, phénicien *anak*) le dernier élément *oki* soit originairement identique avec le sanscrit *ah* dans *aham* et le grec ἐγ dans ἐγώ, il serait encore inutile de chercher à faire dériver la terminaison de la première personne du singulier, soit dans *kâtal-ti*, soit dans *ektôl*, du même type qui en sanscrit se présente sous la forme *mi, am* ou *a*, dans *tudâ-mi, atud-am, tutôd-a*. Il n'y a pas entre l'hébreu et le sanscrit la même parenté qu'entre le sanscrit et le grec, si toutefois le terme de parenté s'applique bien au sanscrit et au grec, simples variétés dialectales d'un seul et même type.

Alors se présente cette question : Les langues sémitiques et aryennes ont-elles pu être identiques pendant la seconde période, la période agglutinative? Ici comme tout à l'heure la réponse doit être à mon avis décidément négative, car non-seulement les mots *vides* affectés à la dérivation sont différents dans les deux familles, mais, ce qui est bien plus caractéristique, la

---

1. Bacon, *Novum Organum*, I, 55.

manière dont ils s'attachent aux racines est différente aussi. Dans les langues aryennes, les éléments formatifs s'attachent à la fin des mots seulement ; dans les langues sémitiques on les trouve à la fois au commencement et à la fin. Dans les langues aryennes les composés grammaticaux sont tous suivant la formule $r\varphi$; dans les langues sémitiques nous avons des formations faites d'après les formules $r\varphi$, φr et $\varphi r\varphi$.

Il ne reste donc que la première couche, celle de l'isolement, où les langues aryennes et sémitiques aient pu se trouver confondues. Mais ici encore nous devons faire une distinction. Toutes les racines aryennes sont monosyllabiques, toutes les racines sémitiques ont été élevées à une forme trilitère. C'est donc seulement avant l'époque où les racines sémitiques ont pris cette forme secondaire, la trilitérité, qu'on pourrait admettre quelque chose de commun entre ces deux branches du langage. À supposer qu'on sût comme un fait historique qu'à cette période reculée — période qui dépasse les limites de tout ce que nous sommes habitués à appeler historique — la parole sémitique n'eût pas été distincte de la parole aryenne, quelles preuves de cette unité pourrions-nous espérer de trouver dans les langues sémitiques et aryennes actuelles telles que nous les connaissons dans leur période flexionnelle? Rappelons-nous que les 100 000 mots de l'anglais, bien plus, les nombreuses centaines de milliers de mots contenues dans les dictionnaires de toutes les autres langues aryennes, ont pu se ramener à environ 500 racines, et que ce petit nombre de racines admet encore des réductions. Mettons-nous ensuite dans l'esprit qu'il en est de même aussi des langues sémitiques, surtout si nous acceptons la réduction de toutes les racines trilitères en racines bilitères. Après cela, que pouvons-nous espérer de notre comparaison de l'hébreu et du sanscrit? sinon un petit nombre de coïncidences radicales, une ressemblance dans la forme et dans la signification d'environ 500 syllabes-racines, tout ce qu'il y a de plus en hébreu et en sanscrit étant une sorte de seconde pousse, qui n'a pu commencer avant que les deux branches eussent été violemment séparées à tout jamais.

D'ailleurs, si nous considérons ces racines, nous trouvons que les idées qu'elles expriment sont d'une nature très-générale et, par suite, sujettes à un nombre infini de déterminations particulières. Une racine qui signifie tomber (sanscrit *pat*, πίπτω), en vient à signifier s'envoler (sanscrit *ut-pat*, πίτομαι). La racine *dā*, qui signifie donner, reçoit, précédée de la préposition *ā*, le sens de prendre. La racine *ju*, joindre, avec la préposition *vi* signifie séparer. La racine *ghar*, qui exprime l'éclat, peut fournir et fournit dans les langues aryennes des dérivés exprimant l'éclat (anglais *gleam*), la chaleur (sanscrit *gharma*), la joie (χαίρειν), l'amour (χάρις), la croissance *(ger-men)*, et, parmi les couleurs, le vert (sanscrit *hari*), le jaune *(gilvus, flavus)* et le rouge *(fulvus ; sanscrit harit)*. Dans l'étude des langues sémitiques, cette signification si vague des éléments radicaux est une des principales difficultés, car, selon qu'une racine s'emploie suivant ses diverses conjugaisons, elle peut exprimer une variété d'idées des plus surprenantes. Tenons compte aussi de ce que, parmi le nombre très-limité des racines qui dans ce temps reculé étaient employées en commun par les ancêtres des Aryens et des Sémites, chacune des deux races a dû en perdre un certain nombre ; on pourrait donc trouver des racines hébraïques dont aucune trace n'existerait en sanscrit, et *vice-versa*, sans que ce fait n'eût rien que de parfaitement naturel.

Il est juste et il est très-essentiel que nous voyions tout cela clairement. Les preuves que nous avons le droit d'attendre pour établir l'origine commune des langues sémitiques et aryennes sont en fort petit nombre ; comprenons-le bien avant de nous risquer à émettre aucune opinion sur cet important sujet. Je n'ai en aucune façon épuisé l'énumération des influences qui, naturellement, ou même nécessairement, auraient contribué à produire des différences entre les éléments radicaux du langage aryen et du langage sémitique, à supposer toujours que tous deux fussent sortis originairement de la même source. Quand même nous exclurions les ravages de l'altération phonétique, dans cette période reculée du langage, nous aurions à faire d'amples concessions à la variété dialectale. Nous connaissons dans les langues aryennes le jeu constant qui a lieu entre les gutturales, les dentales et les labiales *(quinque,* sanscrit *pańka,* πέντε, éolien πέμπε, gothique *fimf)*. Nous avons vu se produire, selon les dialectes, l'échange des aspirées, des moyennes et des ténues, qui dès l'abord a donné aux principales branches du langage aryen leur caractère individuel (τρεῖς, gothique *threis*, haut-allemand *drei)* [1]. Si tout cela, et bien plus encore, a pu se

1. Jusqu'à ce qu'on rende compte rationnellement de cet échange, qu'on appelle *Lautverschiebung,* je continuerai de l'attribuer non à l'altération phonétique, mais au développement dialectal. M. Scherer, dans son profond ouvrage *Zur Geschichte der Deutschen Sprache,* a compris

passer dans le domaine étroit des dialectes issus d'une langue déjà plus ou moins solidement constituée, quelles n'ont pas dû être les chances dans des limites si vastes? En songeant combien dans une langue monosyllabique le changement d'une seule consonne compromettrait l'identité d'un mot, nous pourrions être tentés de croire que les syllabes-racines dont le sens est déjà si général, si vague et si variable, n'en auraient que plus soigneusement conservé leurs contours, je veux dire gardé intactes leurs consonnes. Mais cela n'est vrai en aucune façon. Les langues monosyllabiques ont leurs dialectes tout comme les langues polysyllabiques, et l'écart rapide et profond qui se produit entre ces dialectes peut nous apprendre combien doit avoir été rapide et profond l'écart des autres langues pendant la période d'isolement.

M. Edkins, qui a apporté une attention toute particulière dans l'étude des dialectes chinois, établit que dans les provinces du nord les plus grands changements ont eu lieu, huit consonnes initiales et une consonne finale ayant été échangées pour d'autres et trois consonnes finales perdues. Le long de la rive méridionale du Yang-tsé-Kiang et un peu au nord de ce fleuve les anciennes initiales ont été toutes conservées, comme aussi dans le Tchekiang jusqu'au Fouh-kien. Mais parmi les finales, *m* a été remplacé par *n*, *t* et *p* se sont perdus, ainsi que *k*, sauf dans quelques districts de la campagne. Quelques mots ont deux formes : l'une est employée dans la conversation, l'autre particulière à la lecture. La première est l'ancienne prononciation, et l'autre ressemble plus à la prononciation mandarine. Les cités de Sou-Tcheou, Hang-Tcheou, Ning-po et Ouen-Tcheou, avec la campagne environnante, peuvent être considérées comme ayant un seul dialecte, parlé probablement par trente millions d'hommes, c'est-à-dire plus que la population totale de la Grande-Bretagne et de l'Irlande. La cité de Houei-tcheou a son dialecte spécial où les consonnes initiales douces sont remplacées par

à très-peu près, quoique non entièrement, le sens de mon explication, et les étranges effets de la variation dialectale en regard de l'altération phonétique. S'il est nécessaire d'employer des exemples plus familiers, on pourrait dire avec une vérité parfaite que chaque dialecte a choisi son costume phonétique particulier, comme les gens choisissent les habits et les pantalons qui leur vont le mieux. La comparaison est imparfaite comme toute comparaison, mais elle est aussi bonne que celle dont on sert d'ordinaire, quand on assimile les ravages de l'altération phonétique à une usure que subirait ce costume de la langue.

des fortes et des aspirées (phénomène analogue à la *Lautver-schiebung* des langues aryennes). A Fou-tcheou-fou, dans la partie orientale de la province de Kiang-si, les initiales douces ont aussi été remplacées par des aspirées. Dans beaucoup de parties de la province de Hounan, les initiales douces se maintiennent encore, mais dans la cité de Tchang-cha le dialecte parlé a les cinq intonations de la langue mandarine, et les initiales, aspirées ou autres, modifiées de la même manière. Dans l'île de Haï-nan les mots chinois se rapprochent distinctement de la forme qu'ils prennent en annamite. Beaucoup de consonnes fortes sont adoucies ; le contraire a lieu dans d'autres parties de la Chine. Ainsi *ti* et *di* (tous deux *ti* en langue mandarine) se prononcent tous deux *di* à Haï-nan. *B* et *p* s'emploient dans beaucoup de mots qui en langue mandarine commencent par *w* et *f*. Dans la province de Fouh-kien, beaucoup de changements ont lieu entre les initiales : on dit *k* pour *h*; *p* pour *f*; *m* et *b* pour *w*; *j* pour *y* ; *t* pour *ch*; *ch* pour *s*; *ng* pour *i*, *y* et *w*; *n* pour *j* [1].

Représentons-nous clairement ce que sont de tels changements dans des mots formés d'une seule consonne et d'une seule voyelle : nous serons alors plus en mesure de prononcer en juges. Nous pourrons déterminer avec une compétence plus grande notre droit à réclamer des preuves plus nombreuses et plus nettes. Il 'era temps enfin de voir s'il y a lieu d'admettre l'origine commune de deux langues qui se sont séparées durant leur période monosyllabique ou isolante, et dont nous ne connaissons rien avant qu'elles soient très-avancées dans la période des flexions.

On pourrait dire : Eh bien, si nous tenons compte de tout cela, les preuves se réduisent vraiment à néant, et méritent à peine l'attention du savant. Je réponds : Ce n'est pas notre faute s'il en est ainsi, mais avant de poser comme un axiome qu'il ne peut y avoir aucune parenté entre le sanscrit et l'hébreu, qu'ils ont évidemment des origines différentes, qu'ils représentent en fait deux espèces indépendantes du langage humain, il n'est que juste de nous arrêter un peu et de ne pas détourner les yeux avec mépris des recherches essayées par des hommes comme Ewald, Raumer et Ascoli. Ces savants, et particulièrement Raumer et Ascoli, nous ont donné, autant que j'en puis juger, bien plus de preuves à l'appui de la parenté du sanscrit et

1. Edkins, *Grammar*, p. 84.

de l'hébreu qu'à mon point de vue nous n'en pouvons attendre; je le dis pour inviter à la modération les deux partis. Si, d'un côté, nous ne devons pas demander plus que nous n'avons le droit de demander, nous devons, d'autre part, ne pas chercher ni désirer produire plus de preuves que n'en admet la nature de la question. Nous savons que tels mots qui ont identiquement le même son et le même sens en sanscrit, en grec, en latin et en allemand ne peuvent pas être identiques parce qu'ils violeraient les lois phonétiques qui ont rendu ces langages si différents les uns des autres. Le verbe *doom* ne peut avoir de rapport avec le latin *damnare*, ni le verbe *call* avec le grec καλεῖν et le latin *calare*, ni l'anglais *care* avec le latin *cura*, ni le verbe *have* avec le latin *habere*. Cette remarque peut s'appliquer, mais avec une force cent fois plus grande, à des mots hébraïques et sanscrits. Si on trouve une racine hébraïque trilitère pareille à une forme trilitère sanscrite, nous serons aussitôt certains qu'elles ne sont pas identiques, que leur ressemblance est purement accidentelle. Des pronoms, des noms de nombre et quelques noms plutôt imitatifs que significatifs, pour père, mère, etc., peuvent avoir été conservés depuis l'époque la plus reculée par les Aryens et les Sémites; mais si les savants vont plus loin et se mettent à comparer l'hébreu *barak* (bénir) et le latin *precari*, l'hébreu *lab* (cœur) et l'anglais *liver* (foie), l'hébreu *melech* (roi) et le latin *mulcere* (adoucir, calmer, soumettre), ils sont je crois en grand danger de prouver trop.

On a essayé récemment de signaler plusieurs racines communes au chinois et au sanscrit. Loin de moi la pensée de flétrir même des études de ce genre comme antiscientifiques, quoiqu'il faille un certain effort, quand on a été élevé dans la plus extrême rigueur de l'école de Bopp, pour aborder de telles recherches sans préjugé. Toutefois, si on les dirige avec soin et prudence, et surtout avec la notion claire des limites où elles doivent se tenir renfermées, ces recherches sont parfaitement légitimes, bien plus que le savant dogmatisme qui a fait déclarer à quelques uns de nos savants les plus éminents que l'origine commune du sanscrit et du chinois était une absurdité. Je ne puis dire cependant que la méthode adoptée par M. Chalmers dans son intéressant ouvrage sur l'origine du chinois doive porter la conviction dans l'esprit du sceptique de bonne foi. Je crois qu'avant de comparer les mots du chinois à ceux de n'importe quelle autre langue il faut faire tous les efforts pour ramener les mots chinois à leur forme la plus primitive. Ici, M. Edkins a indiqué la route à suivre et a clairement montré le grand avantage qu'on pourrait tirer d'une étude minutieuse des dialectes chinois. Le même savant a fait encore plus en montrant comment le chinois doit d'abord être comparé avec ses plus proches parents (le mongol dans la classe touranienne septentrionale et le tibétain dans la classe touranienne méridionale), avant qu'on essaie aucune comparaison avec les colonies plus éloignées qui sont parties durant la période monosyllabique du langage. « Je cherche en ce moment à comparer, écrit-il, le mongol et le tibétain avec le chinois, et j'ai déjà obtenu quelques résultats intéressants :

» 1. — Parmi les mots mongols, un grand nombre (le cinquième peut-être) sont chinois. L'identité se reconnaît dans la première syllabe des mots mongols, qui est la racine. La correspondance est des plus frappantes pour les adjectifs : la moitié peut-être des plus employés sont, quant à la racine, identiques avec des adjectifs chinois. Ex. *sain* (bon), *begen* (bas), *ičhi* (à droite), *sologai* (à gauche), *čhihe* (droit), *gadan* (extérieur), *čhohon* (peu nombreux), *logon* (vert), *hunggun* (léger). Mais l'identité est aussi fréquente dans d'autres classes de mots, et cette identité des racines communes semble s'étendre aussi au turc, au tartare, etc.: ex. *su* (eau), *tenri* (ciel).

» 2. — Pour comparer le mongol avec le chinois, il est nécessaire de remonter d'au moins six siècles en arrière dans le développement de la langue chinoise ; en effet, nous trouvons dans les racines communes des lettres particulières à l'ancien chinois, ex. la finale *m*. Il faut aussi considérer les lettres initiales d'un autre point de vue que celui de la prononciation mandarine. Si beaucoup de mots sont communs au chinois, au mongol et au tartare, nous devons remonter d'au moins douze siècles en arrière afin d'avoir une époque convenable pour la comparaison.

» 3. — Tandis que le mongol n'a pas trace d'accents, ils sont très-nettement développés en tibétain. Csoma de Körös et Schmidt ne mentionnent pas l'existence des accents, mais on les entend parfaitement dans la prononciation des natifs du Tibet en résidence à Pékin.

» 4. — Comme pour la comparaison du mongol, il est nécessaire, pour examiner les rapports du tibétain et du chinois, de choisir l'ancienne langue chinoise avec ses consonnes finales plus nombreuses et son système complet d'initiales douces, fortes et aspirées. Les noms de nombre tibétains fournissent sur ce point des exemples assez clairs.

» 5. — Tandis que le mongol se rapproche du chinois surtout
par le grand nombre des mots communs aux deux langues, le
tibétain s'en rapproche par sa structure phonétique, en ce qu'il
est accentué et monosyllabique. Cela étant, il est moins remar-
quable qu'il y ait beaucoup de mots communs au chinois et au
tibétain, et on devait s'y attendre; mais une circonstance
curieuse c'est qu'il s'en trouve peut-être autant dans le mongol,
avec ses longs polysyllabes sans accent. »

Voilà incontestablement le véritable esprit qui doit diriger
les recherches sur l'histoire primitive du langage, et j'espère que
MM. Edkins, Chalmers et autres ne se laisseront pas décourager
par les objections ordinaires que soulève toute recherche neuve.
Quand leurs études ne conduiraient qu'à des résultats négatifs,
elles seraient de la plus haute importance. Le criterium à l'aide
duquel nous constatons la parenté des langues à flexions, comme
le sanscrit et le grec, l'hébreu et l'arabe, ne peut naturellement
pas s'appliquer à des langues qui sont encore dans la couche
agglutinative ou isolante; il ne serait bon à rien pour déterminer
si certaines langues séparées pendant le développement de leurs
flexions avaient été unies pendant leur âge agglutinatif, ou si
des langues séparées pendant l'âge agglutinatif étaient sorties
d'un même centre dans l'âge monosyllabique. Bopp a voulu
travailler avec ses outils aryens sur les langues malayo-poly-
nésiennes et y découvrir des traces de formes aryennes : que son
exemple nous soit une leçon.

Toutefois, il y a aussi des dangers de l'autre côté, et même
des dangers plus grands, et si M. Chalmers, dans son intéressant ouvrage sur l'*Origine du chinois*, compare entre autres
le chinois *tsé* (enfant) avec le bohémien *tsi* (fille), je sais que
l'indignation des savants aryens sera portée au comble, quand ils
songeront qu'ils ont prouvé de la manière la plus minutieuse que
tsi ou *dci* en bohémien est une modification régulière de *dugle*,
et que ce *dugle* est le sanscrit *duhitar*, le grec Ὀυγάτηρ, *daugh-
ter* (fille), mot qui était originairement un petit nom d'amitié,
signifiant *laitière*, et donné par les pâtres aryens, et par eux
seulement, aux filles de leur maison. De pareils accidents doivent
arriver dans un sujet aussi vaste que la science du langage[1]. Ils

---

1. Si la comparaison de M. Chalmers entre les noms de la fille en
bohémien et en chinois est si impardonnable, que dirons-nous de la
comparaison de Bopp entre les noms bengali et sanscrit de la sœur?
Sœur, en bengali, se dit *bohini*, ce qui n'est autre chose que l'hindi

sont arrivés à des savants comme Bopp, Grimm et Burnouf, et
ils arriveront encore. Je ne défends pas ici le trop de hâte ou la
légèreté, je dis seulement qu'il faut nous lancer en avant et non
pas nous imaginer que tout est fait et qu'il n'y a plus de conquêtes
à faire dans notre science. Notre mot d'ordre, ici comme ailleurs,
doit être *Festina lente,* mais en tout cas, *Festina! Festina!
Festina!*

bahin et *bhān,* le pràcrit *bahini,* le sanscrit *bhaginī.* Bopp, de la manière
la plus laborieuse, fait venir *bahini* du sanscrit *srasr* (sœur). Bopp, *Vergl.
Gramm.* [1ᵉ éd.], *Vorrede zur vierten Abtheilung,* p. X.

9 782019 142742